SOUVENIR

DU

16 AVRIL 1879.

Quelques parents et quelques amis m'ont demandé l'allocution que, le 16 avril 1879, j'adressais à mon frère et à ma jeune belle-sœur, à l'occasion de leur mariage dans l'église de Montreuil-sur-Mer.

Je la leur offre volontiers, en souvenir d'un jour qui, j'en suis sûr, a réjoui bien des âmes au Ciel et sur la terre.

Je l'offre en particulier à nos bons et très-chers amis, M. et Mme Louis VIMEUX, de Montreuil. Après Dieu, n'est-ce pas au dévouement vraiment paternel avec lequel ils recueillirent et soignèrent notre cher Eugène, dans la maladie qu'il fit six mois avant son mariage, que nous devons de n'avoir pas eu à pleurer sur un cercueil.

Vendeuil, mai 1879.

Dieu est admirable dans toutes les œuvres de ses mains, mais il l'est surtout dans le gouvernement de ce monde des âmes, bien plus digne que le monde extérieur des soins de sa Providence. Comment, mes chers amis, ne pas l'admirer dans la conduite qu'il a tenue à votre égard à tous deux. Vos berceaux étaient placés à des distances qui semblaient devoir vous empêcher de vous connaître jamais; c'est la Providence, n'en doutez pas, qui, de toute éternité destinant vos deux âmes l'une à l'autre, a ménagé le concours de circonstances nécessaires pour vous amener, en ce moment, au pied du même autel, recevoir la même bénédiction.

C'est Elle aussi qui vous enlevait de si bonne heure vos parents, afin de multiplier au Ciel le nombre de vos protecteurs; et ce n'est pas pour jeter une pensée de tristesse à travers les joies si légitimes de cette journée, c'est, au contraire, pour qu'il n'y ait aucun vide dans les deux familles qui se réjouissent aujourd'hui avec vous, que je vous invite à contempler en ce moment vos deux mères, votre père aussi, Mademoiselle, s'unissant pour aimer et bénir leurs deux enfants, comme un père et une mère savent aimer et bénir quand il sont au Ciel.

Du reste, sur la terre, Dieu ne vous laissait pas orphelins. Au pied du lit où notre bonne et sainte mère venait de rendre le dernier soupir, notre sœur aînée prenait l'engagement d'être la meilleure amie de son père, la mère de ses deux frères et de sa sœur.

Tu sais, mon bien cher frère, comment, dans une piété au-dessus de son âge, dans un dévouement sans bornes qui ne se démentit jamais, et qui faisait d'autant plus l'admiration de ceux qui en étaient les témoins, qu'il s'ignorait davantage lui-même, tu sais comment elle puisa, pour s'acquitter de sa noble mission, des forces que la nature semblait lui avoir refusées ; tu sais la part que, avec ton père et la tante dont tu fus toujours un peu l'enfant gâté, elle a le droit de prendre aujourd'hui à ton bonheur.

Et pour vous, Mademoiselle, qu'est-ce que

Dieu n'a pas fait afin de combler les vides qu'il avait creusés autour de votre berceau ! Le jour où elle vous enlevait vos parents, la Providence vous jetait dans les bras, que dis-je, elle vous jetait sur le cœur de votre oncle et de votre tante. Et voilà que, aujourd'hui encore, capable de comprendre les trésors d'amour, de dévouement, de tendre et vigilante sollicitude qui doivent remplir le cœur d'un père et d'une mère, jetant en même temps un regard sur votre passé, vous n'hésitez pas à donner à votre oncle et à votre tante ces noms de père et de mère qu'il semble qu'on ne doive pas donner deux fois sur la terre.

Oh ! bienheureux le jeune homme, bienheureuse la jeune fille auxquels Dieu fait la grâce de mettre dès leur enfance de pareilles âmes sur leur chemin ! Et comme la mission du Prêtre devient facile, lorsque, devant imposer silence à son cœur pour ne faire entendre à de jeunes époux que les graves enseignements de l'Eglise, il n'a qu'à leur demander de rester dignes toujours des familles auxquelles ils appartiennent.

Prenez donc ensemble la ferme et énergique résolution d'être partout et toujours de véritables chrétiens. Croyez-moi, mes chers amis, et l'expérience de tous les jours ne le prouve que trop, des vertus purement humaines ne suffisent pas pour assurer l'accomplissement exact des nombreux devoirs qui deviennent les vôtres ; elles ne suffisent pas non plus pour faire le bonheur d'une famille en ce monde, encore moins dans l'éternité ; A toi plus spécialement, mon bien cher frère, à toi pour qui Dieu a tant fait, soit en allumant en ton intelligence quelque chose de cette mystérieuse étincelle qui donne le goût de tout ce qui est beau, de tout ce qui est grand, soit en te ramenant, il y a quelques mois à peine, des portes du tombeau ; — à toi, car l'époux est le chef de l'épouse comme Jésus-Christ est le Chef de son Eglise, à toi l'obligation d'être le premier, partout où il y a un devoir à remplir, l'exemple à donner, une peine à s'imposer, pour l'éviter à ceux que l'on aime ; — à toi, les nobles soucis de l'autorité, mais de cette autorité qui, s'imposant comme celle de Dieu, avec force et douceur, sait permettre à l'épouse de se faire toujours de son obéissance un honneur et une joie.

Le rôle que l'Eglise réserve à l'épouse chrétienne n'est ni moins grand ni moins beau, Mademoiselle. C'est elle qui, par les délicates et irrésistibles influences de la tendresse, est chargée de tourner continuellement vers Dieu les intelligences et les cœurs de ceux qui l'entourent ; — à elle le soin d'orner, d'embaumer le foyer domestique par la pratique de ces petites vertus de tous les jours, marque certaine d'une piété à la fois intelligente et solide ; — c'est d'elle, en un mot, que nos Livres-Saints ont fait l'éloge lorsqu'ils ont dit de la femme forte que, dans l'assemblée des fidèles, son mari et ses enfants se lèveront pour la proclamer bienheureuse.

Appuyés l'un sur l'autre, allez donc votre chemin dans la voie qui s'ouvre aujourd'hui devant vous. Dieu le Père a entendu vos prières, les prières aussi que tant d'autres lui ont adressées avec vous et pour vous ; — Dieu le Fils, qui se donnait hier à vous lorsque, dociles à la voix de l'Eglise, vous alliez unir d'avance vos deux âmes dans une même communion, Dieu le Fils se prépare à s'immoler pour vous sur l'autel ; — le Saint-Esprit vous ménage, dans le grand Sacrement que vous allez recevoir, ses grâces les plus abondantes ; — et, si je regarde autour de vous, c'est votre vénérable Doyen qui vous donnait naguère tant de marques de son paternel intérêt, et que je ne saurais mieux remercier de m'avoir aujourd'hui cédé sa place, qu'en souhaitant à votre paroisse de le garder longtemps encore à sa tête ; — c'est votre aïeule maternelle ; — ce sont ces deux vieillards, si beaux dans leurs cinquante-quatre ans de mariage, et qui vont demander au bon Dieu, pour les petits enfants dans lesquels ils se sentent renaître, des jours aussi longs et aussi prospères que ceux qui leur ont été accordés ; — ce sont vos parents et vos amis qui comprennent que se réjouir avec vous n'est pas assez, mais qu'il faut aussi prier pour vous, — Et qu'il me soit permis de le dire en terminant, si jamais, de mon cœur de prêtre, prière fervente est montée vers le Seigneur pour le bonheur de ceux envers lesquels j'ai exercé mon ministère, ô mon frère et ma sœur, ce sera bien aujourd'hui !

J. M.

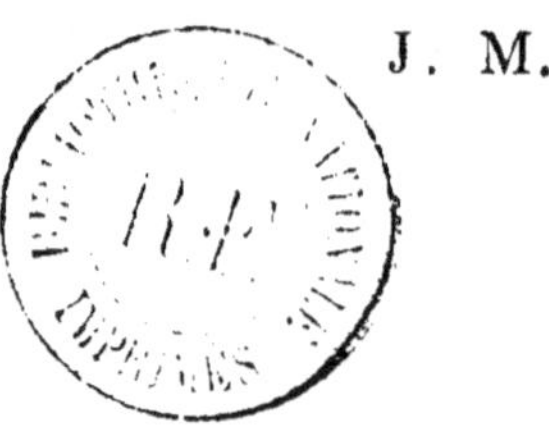

Beauvais. — Typographie D. PERE, rue Saint-Jean.

Beauvais. — Typographie D. PERE, rue Saint-Jean.